EXCURSIONS

et

CURIOSITÉS

SAINT-GILLES-SUR-VIE o o o

CROIX-DE-VIE o o o o o o

SION-SUR-L'OCÉAN o o o o

PRIX : 2 FR. 50

EN VENTE :

chez le Trésorier du Syndicat, G. BARBEAU, à St-Gilles-s/-Vie

SYNDICAT D'INITIATIVE DU HAVRE-DE-VIE (VENDÉE)

EXCURSIONS

et

CURIOSITÉS

SAINT-GILLES-SUR-VIE o o

CROIX-DE-VIE o o o o o

SION-SUR-L'OCÉAN o o o o

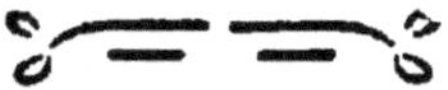

PRIX : 2 FR. 50

EN VENTE :

chez le Trésorier du Syndicat, G. BARBEAU, à St-Gilles-s/-Vie

SYNDICAT D'INITIATIVE
DU HAVRE-DE-VIE

Les Stations de St-Gilles, Croix-de-Vie & Sion

Après plusieurs années d'efforts, le **Syndicat d'Initiative du Hâvre de Vie** est aujourd'hui en mesure de publier une petite notice, touristique, sur les trois stations balnéaires et climatiques, qui constituent son ressort et font partie de son rayon d'action : **Saint-Gilles-sur-Vie, Croix-de-Vie** et **Sion-sur-l'Océan,** en St-Hilaire-de-Riez (Vendée).

Il remercie tous ceux qui ont contribué à cette publication, absolument désintéressée, laquelle n'a qu'un but : faire connaître, dans les meilleures conditions possibles, cette contrée du Bas-Poitou et mieux vulgariser les notions qui permettent d'en apprécier les charmes et la valeur.

*

Le Hâvre-de-Vie correspond à l'embouchure du fleuve *la Vie,* au niveau de son arrivée même dans l'Océan. Jadis il comprenait aussi la partie littorale de l'ancienne île de Riez, allant jusqu'au *Hâvre-de-Besse,* aujourd'hui comblé. Il est, par suite, comparable au *Hâvre-de-La-Gâchère,* plus méridional, au sud duquel se trouve la Station balnéaire de La Parée, à Bretignolles-sur-Mer, qui dépend de la même région *(Jaunay).*

Au nord du Pays de Baisse, qui, autrefois, constituait l'embouchure du Ligneron et même de *La Vie,* est située la plage de Saint-Jean-de-Mont, métropole du Pays de Mont, aux coutumes si spéciales.

Ainsi encadrés, le port de **Croix-de-Vie**, qui, à la Révolution, reçut précisément le nom de *Hâvre-de-Vie ;* la vieille ville de **Saint-Gilles-sur-Vie,** appelée au début *Sidon* et cela jusqu'au XIIIe siècle ; le pittoresque hameau de Sion, qui est perché sur la pointe rocheuse de l'île de Riez, universellement connue désormais sous le nom expressif de **Corniche Vendéenne,** forme un ensemble très particulier, un tout dont on ne peut, dans le paysage, distraire la moindre partie, sans en altérer profondément l'allure et le pittoresque.

Que deviendrait, en effet, Croix-de-Vie, sans les hautes falaises, abruptes et incultes, de Sion, où le vent et les embruns règnent en maîtres ? Et que serait Sion, sans le mouvement du port voisin et sans le centre antique de la ville de Saint-Gilles ? Quelle impression donnerait cette dernière cité, aux rues étroites et calmes, si la population des usines, qui, à Croix-de-Vie, habite la Petite-Ile et le quartier du Grand-Phare, ne venait, les jours de fête, animer son quai, qui mène à sa grande et belle plage ?

⁂

I. — SAINT-GILLES-SUR-VIE

A tout seigneur, tout honneur. Saint-Gilles-sur-Vie est un chef-lieu de canton et le bourg le plus ancien du pays, peut-être même du département, et, qui plus est, de la Côte Atlantique, ente la Loire et l'Espagne. Il fallait donc le citer tout d'abord.

On a pu démontrer que c'était une Colonie *Phénicienne,* un port créé avant l'arrivée des Romains en Bas-Poitou ; et certainement la plus primitive des stations de pêche de la Vendée, antérieure à celles de La Chaume et *a fortiori* des Sables-d'Olonne.

En effet, jusqu'au XIIIe siècle elle a porté le nom de
Sidunum, qui a donné, en français, celui de **Sion.**

Le village actuel de Sion n'est donc qu'un reste du port
d'origine, fondé par les hardis navigateurs orientaux, qui,
également, s'installèrent, en outre, venus dans le célèbre
Bélesbat, en Saint-Vincent-sur-Jard, ermitage actuel du grand
patriote vendéen Georges Clemenceau.

SAINT-GILLES-SUR-VIE

Au Moyen-Age, St-Gilles-sur-Vie devint un grand centre
de navigation au long cours, armant aussi bien pour Terre-
Neuve (pêche de la morue) que pour les Antilles (commerce),
à l'imitation des Espagnols, qui fréquentèrent si bien notre
contrée à cette époque, que des Portugais s'installèrent dans
ce port : ce qui explique pourquoi le grand capitaine Pierre
Garcia Ferrandez, dit Garcie Ferrande, put, à la fin du XVe
siècle (1483), y écrire le premier ouvrage français d'Hydro-

graphie, volume aujourd'hui introuvable et dont récemment
le Ministère de la Marine offrait 150.000 francs.

Pendant la période révolutionnaire, Saint-Gilles sur-Vie a
joué un grand rôle. Aussi la Convention lui décerna-t elle le
nom glorieux de *Port-Fidèle*.

Quantum mutatus ab illo ! Depuis cette époque, son port
s'est ensablé, son grand commerce maritime de blé et de sel
a disparu. Mais, si la *Vie* s'est obstruée, si les foires d'août,
si fréquentées jadis, sont devenues moins importantes, une
Plage, d'un splendide avenir, lui reste et une **station balnéaire**
y a été fondée, dès juillet 1863, par un natif de la ville, né en
1824 à Saint-Gilles-sur-Vie même, Edmond Baudouin, qui
vécut d'ailleurs à Croix-de-Vie.

Le chemin de fer, dont un maire ne voulut pas la gare sur
son territoire, a achevé de tuer le port commercial d'autrefois,
réduit dès lors à la grande pêche au chalut et à celle de la
sardine. Mais la voie ferrée a cependant sauvé le pays, puis-
que c'est à elle qu'on doit, après 1882, le développement, subit
et désormais continu, de la Station climatique de la Garenne
de Retz.

Aujourd'hui Saint-Gilles-sur-Vie possède encore près de
2.000 habitants.

La petite ville, aux rues pittoresques, pleines de souvenirs
archéologiques des diverses époques de notre histoire, présente de nombreux vestiges du passé, intéressants à visiter.
Mais on ne peut guère les découvrir qu'avec l'aide d'un guide
compétent.

C'est ainsi qu'il existe une demi-douzaine de *souterrains-
refuges ;* que les maisons renferment dans leurs murs (fait
très exceptionnel et rare) des *puits à eau*, antiques, qui, pour
la plupart, ne sont que des *puits funéraires,* gallo-romains !

L'église, dont la partie ancienne conservée correspondant
seulement à la paroi nord, est du XIIIe-XIVe siècle. Certai-

nement tout le clocher, qu'on dit construit par les Anglais quand le Bas-Poitou devint, sinon colonie anglaise, du moins la propriété d'un roi d'Angleterre, est de la même époque. Il faut y admirer principalement la porte d'entrée nord et les vieilles fenêtres, situées au sud.

La fenêtre Est, toute moderne, porte un vitrail récent, représentant la bataille de Croix-de-Vie en 1622 (victoire capitale de Louis XIII sur les derniers protestants de cette côte).

Dans le cimetière, très belle *croix hosannière,* avec les attributs des quatre évangélistes. La chapelle, dont il ne persiste que l'ancienne croix, tombée et cachée dans les broussailles, a été détruite. Quelques pierres tombales du Moyen-Age, servent, hélas ! de marches... Jadis placé autour de l'église carolingienne, le cimetière a été transporté en ce point, lors de la reconstruction de ce monument par les Anglais.

On verra dans les rues, en dehors des puits à eau des maisons, des traces d'anciennes *habitations* (Grande-Rue), très caractéristiques, et de *fortifications disparues* (Rue du Poste des Sables), etc.

La Station balnéaire, qui, quoique fondée en 1863, n'a pris un réel développement qu'après l'arrivée du chemin de fer dans la région, mérite, vu le *Climat remarquable* de cette côte, d'être classée également comme station climatique. Ce caractère serait encore bien plus marqué si l'on avait continué à planter des arbres, et surtout des sapins et des acacias, etc., sur le versant oriental des dunes. Actuellement de nombreuses villas s'étagent, du pont du *Jaunay* à la plage, sur la superbe avenue ombragée, qui monte vers le petit Casino.

Une mention spéciale doit être faite en l'honneur du Monument des Morts de la Guerre de 1914-18. C'est une véritable œuvre artistique, due au talent de deux frères sculpteurs, les Martel, dont la famille est originaire de Bois-de-Cené (Vendée).

Il s'agit d'une statue représentant une veuve ou une mère de marins-pêcheurs des ports du Hâvre-de-Vie, en *costume local* (1914) [1], pleurant la mort des soldats et marins disparus. Cette tentative, qui mérite les plus grands éloges, fait grand honneur à la municipalité d'alors.

Elle est à rapprocher de celle de la ville d'Olonne, où les mêmes artistes ont traduit la même idée sous une forme différente, mais avec tout autant de sûreté et de goût.

Pour terminer, rappelons qu'autrefois M. Henri Renaud, vice-président du Syndicat d'Initiative, a publié un excellent *Guide* local, qui malheureusement est épuisé [2]. En raison du caractère pratique de ce petit volume, le Syndicat souhaite qu'une édition nouvelle en soit faite le plus rapidement possible.

*
* *

II. — CROIX-DE-VIE

Le port et la ville de Croix-de-Vie ne sont qu'une dépendance, très récente, du vieux St-Gilles et de l'antique Sidon !

En 1585, en effet, c'est à peine si quelques maisons de pauvres pêcheurs s'échelonnaient sur le monticule sablonneux de la Petite-Ile. En 1542, cette contrée, dépendant de l'ile de Riez et de la paroisse de Saint-Hilaire-de-Riez, était absolument nue, inculte, sauvage et sans habitations !

Dans la grande rue de Croix-de-Vie, on voit une plaque avec une inscription datant de 1612. C'est le plus ancien vestige des premières constructions de cette bourgade maritime.

En effet la vieille église, datant de 1610, érigée sur le modèle même de la chapelle du cimetière de Saint-Gilles, a été

---

(1) Le S. I. H. V. a publié une **Carte Postale** spéciale pour vulgariser le **Costume maritime** local.

(2) Il est désormais introuvable en librairie, même à Saint-Gilles.

démolie, lors de la reconstruction du temple chrétien actuel, qui ne remonte qu'à 1894.

La paroisse ne date que de 1690. Auparavant, l'église ressortissait de Saint-Hilaire-de-Riez.

La première population se composa de pêcheurs de Saint-Gilles (le quai Gorin doit son nom à un sieur Gorin, de St-Gilles, en effet), et d'émigrés protestants, venus de la Chaume. Mais, dès la fin du XVIIe siècle, le catholicisme régnait en maître, même à Saint-Gilles. C'est à Croix-de-Vie qu'eut lieu, en 1622, la fameuse bataille au cours de laquelle Louis XIII triompha de Rohan Soubise, chef des protestants.

C'est aussi à Croix-de-Vie et à la Pelle-à-Porteau qu'en 1815 (3 juin) débarquèrent de l'*Astrée* La Roche-Jacquelein et ses amis, et qu'à cette date, dans les rues de Croix-de-Vie et de Saint-Gilles, se livra le combat, au cours duquel fut tué le général Grosbon.

Le développement de Croix-de-vie date surtout du XVIIIe siècle, au point de vue *port de commerce*. Il est dû à l'exportation des blés et des sels, qui n'y devint guère importante que peu avant la Révolution. Un des négociants de cette période, qui en fut longtemps le maire (1792-1815), Jean Chrysostome Ingoult, fut le principal artisan de la prospérité de la future ville industrielle.

Au XIXe siècle, par suite de l'ensablement de la *Vie,* le port commercial a périclité ; mais le port de pêche a pris beaucoup d'extension, par augmentation de la population.

La création de la gare, en 1882, a donné le coup de fouet nécessaire à cette population nouvelle, qui a compris de suite quelle voie féconde s'ouvrait devant elle .. La station balnéaire, qui jusque-là n'existait pas, sortit subitement des petites dunes de Bois-Vinet et de la Pelle-à-Porteau, cela comme par enchantement.

Actuellement, elle est devenue, grâce à l'érection de la jetée de Bois-Vinet qui a amené la formation d'une plage sablonneuse, à côté de beaux et agréables rochers, abritant des rayons du soleil couchant, non seulement l'un des points de la côte vendéenne les plus fréquentés, mais aussi un grand *Centre touristique,* en raison de son voisinage immédiat de la Corniche Vendéenne et du Pays de Mont.

Commune de plus de 2.000 habitants, Croix-de-Vie est aujourd'hui un grand port de pêche, qui alimente plus d'une demi-douzaine de *conserveries* pour sardines, thons, maquereaux, etc. C'est l'un des centres de pêche des succulents *homards* et de la magnifique *crevette rouge,* appelée le *bouquet :* crustacés qui constituent la vraie spécialité culinaire du Hâvre-de-Vie et de la Corniche.

Les marais salants du voisinage fournissent aussi à la saison voulue d'excellents *mulets* d'eau saumâtre, qui, préparés à la crême, sont un mets des plus délicats [1].

Croix-de-Vie, ville de fondation absolument moderne, ne présente guère de restes d'un passé lointain.

Toutefois on verra au cimetière, sur la concession de la famille Ingoult-Baudouin, un superbe **Menhir,** en granite, qui provient de La Tonnelle, en St-Hilaire-de-Riez. Il a été amené là pour le sauver d'une destruction voulue. Il est désormais classé comme *monument préhistorique,* en raison de son grand intérêt scientifique. On trouvera encore, dans ce cimetière, qui est moderne (1894), une chapelle donnée à la commune par un artiste sculpteur de la localité, M. des Ormeaux, comme monument des Morts de la Guerre 1914-1918 [2].

Croix-de-Vie fut bâtie d'abord sur un îlot rocheux, couvert

---

(1) On pêche parfois, près de Sion, un fin mollusque, appelé le **Pignon.** Préparé à la mode locale et à la crême, c'est un vrai régal pour les gourmets, qui savent apprécier les produits régionaux.

(2) A noter la forme qu'avaient autrefois les sépultures des marins-pêcheurs, surtout celles des femmes et des enfants.

de sable, appelé la *Petite-Ile,* qui, au début du Moyen-Age, a
été soudé au continent, au niveau de la rue du Puits-Servanteau ; puis sur le flanc méridional de l'île de Riez, qui sup-
porte l'église moderne (inaugurée en 1894, construite nord-
sud pour des raisons locales, avec la chaire due également à
M. des Ormeaux). Dans ces dernières années, les construc-

LE PORT DE CROIX-DE-VIE

tions se sont développées sur la route de Saint-Hilaire, entre
l'ancien bourg et les villas de la Plage, qui s'étendent du vieux
Phare et de la Fosse de l'Adon à la Pelle-à-Porteau, sur les
falaises de Bois-Vinet [1].

---

[1] Il existe, à Croix-de-Vie, un **Musée archéologique** local, qui est
privé. Mais son fondateur en ouvre les portes à tous les touristes, qui
en font la demande, avec d'autant plus d'aise qu'il est le Délégué du Tou-
ring-Club et le Président du Syndicat d'Initiative.

Un pont en fer relie Croix-de-Vie à Saint-Gilles, par dessus la *Vie*. C'est le second en date. Le premier, construit en 1835, était un pont *suspendu*, d'une réelle élégance et très gracieux, qui fut d'abord à péage jusqu'en 1865.

C'est ce pont-là qui a été la cause involontaire des sentiments, qui, depuis près de cent ans, séparent les habitants des deux bourgades et a empêché, à diverses reprises, ces deux communes de se réunir. De vieilles chansons nous racontent cette amusante histoire.

Pourtant, isolés, Croix-de-Vie et St-Gilles n'avancent que lentement. La réunion un jour semblera obligatoire et s'imposera. Le succès des deux plages, si les deux villes étaient fusionnées, comme aux Sables-d'Olonne, serait foudroyant ! Mais rien ne sert de demander l'impossible... Le temps n'est plus aux coups de force ! Il faut patienter et savoir attendre que la conviction se fasse dans les esprits apaisés...

*
* *

III. — SION-SUR-L'OCÉAN

Sion est un village de pêcheurs et de cultivateurs, situé dans la commune de Saint-Hilaire-de-Riez, sur l'Océan, à 3 kil. 500 au nord-ouest de Croix-de-Vie.

Il est réuni à ce dernier bourg, qui finit à la Pelle-à-Porteau (anse proche de l'îlot de Pilours), par une falaise de hauts rochers schisteux, courant du sud au nord, qui constituent ce qu'on appelle, depuis trente ans, **La Corniche Vendéenne.**

C'est l'un des sites les plus pittoresques du rivage bas poitevin. On ne retrouve pas son analogue depuis Biarritz jusqu'au Croisic ! Et c'est pour cette raison que Croix-de-Vie est devenue une station touristique : ce qui est trop ignoré.

On y trouve des curiosités naturelles, dignes de remarque : le *Jet d'eau ;* le *Trou du Diable ;* la Grotte, caverne naturelle, du *Creux de Garnaud ;* la *Grotte des Farfadets ;* la *Roche*

Percée ; les *Cinq Pineaux* ; le gisement si curieux des Rochers rouges et jaunes, correspondant à des roches spéciales, appelées l'*Orthophyre* et la *Silimanite,* découvertes d'un savant de la région.

Il y avait là autrefois des mégalithes à sculptures préhistoriques (la Pierre du Diable, etc.) ; deux menhirs à la pointe de Grosse Terre, détruits récemment ; des *foyers de pierres,* très anciens et très rares. La station préhistorique persiste cependant, ainsi que les souvenirs des Farfadets et des Sorciers des Bussolleries, tout le long du rivage.

Le village de Sion, qui compte à peine 300 habitants, se livre à la pêche des crevettes rouges et des homards. Une voie ferrée dessert ce petit coin depuis 1923. On y déguste, avec un plaisir sans pareil, les excellents produits des rochers sous-marins, qui s'étendent du large de La Pège et du Hâvre de-Baisse, jusqu'à Saint-Jean-de-Mont. La Corniche Vendéenne, depuis le Jet d'eau, est couverte de villas.

On jouit là du *Climat marin* dans toute sa beauté, si l'on peut dire ! L'hiver, les embruns de l'Océan fouettent certes les façades et les visages, avec une vigueur non pareille. Mais tout cela est sain et très supportable au demeurant, vu la *température,* qui est presque toujours notablement au-dessus du zéro. Le Casino, fondé par M. H. Renaud, ne peut manquer de rouvrir un jour ses portes.

Des excursions faciles peuvent se faire de Sion aux Jardins de la Fée, près Saint-Hilaire-de-Riez ; dans les dunes très boisées de la forêt de pins de la Parée et du Tamarin ; dans la région désertique de la Pège, correspondant à l'ancien estuaire du Hâvre-de-Baisse, que Louis XIII franchit encore à gué en 1622, et qui, en 1914-1918, servit de camp d'aviation à un détachement de soldats américains.

On est déjà là presqu'au Pays de Mont ; et, chaque dimanche, on y voit apparaître les accortes maraichines, ainsi que les solides gas du marais, aux mœurs si originales, au costume autrefois si seyant, mais qui disparaît de plus en plus.

Climat Marin. — C'est ainsi que le Hâvre-de-Vie offre aux Baigneurs **trois plages** très différentes :

a) SAINT-GILLES-SUR-VIE. — Longue étendue de sable très fin, allant vers le sud jusqu'aux Rochers de La Saulzaie, exposée plein *Ouest (Plage du matin)*, à l'abri des vents du Nord et d'Est.

b) CROIX-DE-VIE. — Petite plage sablonneuse, très voisine de pittoresques abris rocheux, et au contact de vastes rochers plats, exposée au *Midi (Plage du soir)*.

c) SION. — Grande longueur de sable, allant jusqu'à Saint-Jean ; et Corniche vendéenne, avec nombreuses criques sableuses (Pêche à la crevette et pêche à la ligne). — Exposition *Ouest (Air marin)*. — *Les Pins :* Climat mitigé (à l'abri des vents d'*Ouest*).

Tourisme. — C'est ainsi que le Hâvre-de-Vie montre aux Touristes trois **aspects** très distincts du Pays de Vendée :

a) SAINT-GILLES-SUR-VIE. — **Vieux port** et paysage du **Bocage** bas-poitevin. Vieux bourg. — Climat d'hiver à l'abri des vents du *Nord.*

b) CROIX-DE-VIE. — **Port de pêche moderne** de réel avenir, avec **Usines** et vie intensifiée. — Type **maritime** par excellence.

c) SION-SUR-L'OCÉAN. — Dans le voisinage, paysage du **Marais mouillé,** connu sous le nom de **Marais de Mont,** et petit port encore dans l'enfance !

14 ◙

La Corniche Vendéenne : Climat marin typique, à l'altitude de 10 mètres au-dessus de la mer.

*   *   *

Ces qualités sont suffisantes, n'est-il pas vrai, pour justifier les grandes espérances qu'a fondées le *Syndicat d'Initiative du Hâvre-de-Vie* sur l'avenir de ces trois stations balnéaires, touristiques et climatiques. Mais on connaît le proverbe : « Aide-toi, la *Nature* t'aidera ».   M. B...

1. Promenade dans Saint-Gilles.

Saint-Gilles-sur-Vie, chef-lieu de canton de la Vendée, port de pêche qui se développe de plus en plus, et station balnéaire d'un grand avenir, est certainement le port le plus ancien du littoral de l'Atlantique, de la Loire aux Pyrénées. Il existait bien avant la Chaume et les Sables-d'Olonne. On sait aujourd'hui qu'il fut fondé par une colonie phénicienne, un peu après l'époque où fut créé, sous le nom de Phocée, notre grand port de Marseille, c'est-à-dire quatre à trois cents ans avant Jésus-Christ.

Jusqu'au XIII⁰ siècle, St-Gilles porta le nom de *Sidunt, (Sidunum),* dont on a fait *Sidon* et *Sion.* Le village actuel, qui porte ce nom et qui est aujourd'hui une station balnéaire d'un bel avenir, n'est qu'un reste du port fondé par les Phéniciens, qui, de là, allèrent s'installer aux Iles d'Yeu, Noirmoutier et ailleurs.

Le nom de St-Gilles n'apparaît qu'au XIIIᵉ siècle; c'est celui de la Paroisse et de la Cure, créées après l'apport du culte de saint Gilles dans la contrée par les moines de l'abbaye de Talmont.

Le pont, qui relie St-Gilles à Croix-de-Vie, a été construit en 1882 ; il a remplacé un pont suspendu à péage, qui avait été construit en 1835 pour relier les deux rives.

Avant 1835, les deux localités communiquaient par un bac : ce qui explique la lenteur que Croix-de-Vie a mise à se développer (1610 à 1850).

Nous voici au bout du pont, côté de St-Gilles, point de départ de notre promenade. Tournant le dos à la rivière, trois voies s'offrent à nos yeux : à droite, le quai du port ou bassin, que l'on suit pour aller à la plage ou aux Sables-

d'Olonne ; devant, les routes de La Roche-sur-Yon et Nantes ;
à gauche, le quai Nord.

Commençons notre promenade de ce côté et suivons ce quai,
d'où la vue s'étend sur la rivière et les marais salants. A l'horizon se détache l'église de Saint-Hilaire-de-Riez.

A 80 mètres du pont, nous trouvons sur la droite une maison à un étage avec balcon.

Cette maison, de modeste apparence, fut la Mairie de St-
Gilles au moins de 1788 à 1863, époque où fut édifiée la mairie actuelle. C'est dans ce bâtiment que la municipalité de 1788
émit dans ses délibérations des vœux qui servirent à la rédaction de la *Déclaration des Droits de l'Homme et du Citoyen*.
Autour de la mairie se trouvaient les écoles.

Nous longeons ensuite des murs de clôture entièrement
construits en pierres de lest [1], apportées de tous les pays de
l'Europe, dont les bateaux venaient jadis à Saint-Gilles se
charger de sel et de blé [2]. Les connaisseurs en minéralogie reconnaîtront, dans ces murs, les roches granitiques de Suède,
de Norvège, de Danemark, d'Islande et d'Ecosse : ce qui
prouve bien qu'autrefois la navigation était très active dans
notre port, qui s'étendait jusqu'à Riez.

Contournons le bas du cimetière ; nous arrivons au quartier
de *La Félicité*. A l'entrée du chemin se trouve une cavité
creusée dans le flanc nord du cimetière. C'est un fond de ca-

---

(1) Un navire, pour tenir sa stabilité sur la mer, a besoin d'avoir une
lourde charge dans sa cale. Quand il n'y a pas de marchandises, on met
des pierres ou du sable. Les marins des pays septentrionaux, qui venaient
à St-Gilles chercher du blé ou du sel, n'ayant pas de marchandises à offrir
en échange, lestaient leurs bateaux avec des pierres. Ces pierres étaient
déchargées sur les quais d'embarquement et remplacées par la marchandise. Les habitants n'avaient qu'à prendre ces pierres, qui ne coûtaient
rien, pour faire leurs maisons et murailles de clôture.

(2) Dans le jardin Bonnet, puits funéraire à *Vases phéniciens* (1925).

bane, qu'on attribue aux Phéniciens. Le long du *Grenouillet*, affluent de *la Vie*, il y a, près du pont de la *Chaboissonnière*, des substructions antiques du même genre. On en trouve d'autres le long de *la Vie*, près du village du *Plessis*, commune du *Fenouiller*.

Revenons sur nos pas, afin de rejoindre l'entrée du cimetière. Nous gravissons quatre marches couvertes d'inscriptions et de dessins. Ces marches sont des pierres tombales, provenant de l'ancien cimetière qui était près de l'église. Il est regrettable qu'elles soient employées à un pareil usage.

Devant nous se trouve une croix de pierre, qui nous paraît très vieille. C'est la croix hosannière. Cette croix remonte à la fondation du cimetière ; elle est d'avant 1542 et probablement du XIVe siècle.

On voit à sa base des sculptures très abimées représentant les attributs des quatre Evangélistes. A la partie supérieure, d'autres sculptures, déformées par le temps, permettent de la dater archéologiquement. Cette croix a subi de nombreuses restaurations plus ou moins heureuses.

A gauche existait une vieille chapelle, entièrement détruite. Devant cette chapelle, qui avait servi de modèle à la première Eglise de Croix-de-Vie, se trouvait une autre croix de pierre dont le fut existe encore ; il est couché le long du mur du cimetière, près de la nouvelle entrée.

Ce cimetière, d'où la vue s'étend sur tous les marais salants, est situé au confluent de *la Vie* et du *Grenouillet ;* il occupe l'emplacement d'un ancien camp de l'époque mérovingienne.

Dans le terrain qui est séparé du cimetière par le chemin est-ouest, se trouvait une Léproserie : ce qui prouve que notre port était en relation avec les pays d'Orient d'où nous vient cette terrible maladie.

Nous revenons en ville par la *Rue du Cimetière*, bordée par des murs de clôture toujours construits en pierre de lest. A gauche, dans le palâtre d'une porte de jardin, nous voyons une sculpture, représentant un écusson ; ce doit être l'écusson d'un pasteur protestant.

Nous trouvons ensuite, sur la droite, une série de vieilles maisons à rez-de-chaussée. Nous remarquons dans les murs, des ouvertures élevées au-dessus du sol, fermées par de petites portes, étroites. Ce sont des puits à eau. Les fentes profondes, dont les margelles sont coupées, sont faites par le frottement de la corde sur la pierre, ce qui indique que ces puits sont exploités depuis très longtemps. La plupart de ces puits ne sont que des puits funéraires gallo-romains vidés.

Sur la gauche, se trouvait le Château Tripet, indépendant du grand Château, et dont le propriétaire a laissé son nom au quartier.

A côté, une maison d'une certaine importance, la plus considérable et la plus luxueuse de St-Gilles ; elle date d'avant le Premier Empire.

Enfin, nous arrivons sur la route de La Roche-sur-Yon, en face la grande épicerie Vilain. Tout ce pâté de maisons, qui s'étend de la place au quai, formait l'Hôtel de la Charoulière, appartenant aux Montausier.

Remontons la route de La Roche ; nous arrivons à la grille de l'Hôtel du Château. Ce que nous voyons n'est que la partie centrale de l'hôtel seigneurial, bâti en 1864 [1].

Deux ailes qui étaient de chaque côté perpendiculaires à ce corps de bâtiment, ont disparu.

A l'intérieur se trouvent un bel escalier en pierre et une plaque de cheminée, ornée d'un as de trèfle étoilé, accompagné de deux lions.

De ce château partait une belle Allée d'arbres, longue de

---

[1] Cette date de construction est inscrite sur une pierre au-dessus d'une fenêtre, côté sud.

500 mètres, conduisant à une autre maison seigneuriale :
La Cour Rouge, ainsi appelée parce qu'on y rendait la Justice
(La Court) et qu'elle était peinte en rouge.

Cette allée était bordée de deux rangées de beaux ormes,
dont un grand nombre furent détruits pendant la Révolution
et les autres lors de la construction de la route de Nantes. Il
reste encore deux de ces arbres. On les voit près de la dite
route de Nantes par dessus le mur de clôture; ils ont donc
près de 250 ans.

La Cour-Rouge est aujourd'hui une ferme appartenant à
l'Hôpital communal, et située à 100 mètres derrière la Mairie.
Il y existe un souterrain, se dirigeant vers le ruisseau du
Grenouillet. Un orifice visible de ce souterrain est dans le
puits de la ferme.

En tournant le dos à la grille du Château, nous avons devant
nous, *la Place du Baril* ou *Bari,* appelée aujourd'hui *Place
de l'Eglise* ou *Place du Marché-aux-Herbes.*

Cette place était un cimetière mérovingien, situé au nord
de l'Eglise ; c'est de là que viennent les pierres tombales que
nous avons vues à l'entrée du cimetière actuel.

La première Eglise a été construite au IXe siècle sur un
promontoire battu par les vagues qui y creusèrent une caverne, laquelle existe encore sous l'Eglise, mais est cachée
par les marches donnant accès à la grande porte.

Cette Eglise d'origine fut détruite par les Anglais. Ils sont
censés l'avoir reconstruite à la fin du XIVe siècle [1].

A la fin du XVIe siècle, elle fut presque entièrement
détruite par les Protestants et mal restaurée ensuite.

L'Eglise actuelle a été rebâtie en 1873. De l'Eglise du XIVe
siècle il ne reste que la partie ouest de la paroi nord, avec le

---

(1) D'où le nom d'Eglise des Anglais (D. Giron, 1822).

Clocher. Une partie de cette Eglise a été classée comme monument historique.

C'est dans ce clocher que, le 3 juin 1815, fut tué le Général Grosbon, commandant les troupes impériales envoyées dans notre pays pour arrêter le débarquement d'armes et munitions que les Anglais envoyaient aux troupes de La Roche-jacquelein. On voit, sur les pierres du côté de la mer, la marque des balles des Vendéens et d'un boulet Anglais.

Près de la base du clocher se trouvent la porte d'entrée ancienne de l'Eglise et une fenêtre aujourd'hui bouchée.

A l'intérieur de l'Eglise, dans la chapelle de la Vierge, il y a trois curieux pendentifs représentant Moïse, David et Isaïe. La fenêtre nord-est, toute moderne, porte un vitrail récent, représentant la victoire de Louis XIII sur les protestants en 1622. Au nord-ouest sont les vieilles fenêtres et le portique qu'on a voulu classer.

Dans la petite rue, située à l'est de l'Eglise se trouve l'entrée d'un souterrain-refuge, aujourd'hui fermée par une plaque de ciment.

A quelques mètres plus à l'est, la Rue du 3 Juin, rappelant la bataille de 1815. On voit, au-dessus de la porte de l'école Jeanne-d'Arc, encastrés dans le mur, deux boulets anglais du combat. Dans cette école, ancien hôtel bourgeois, il y a un escalier en fer forgé, qui, paraît-il, viendrait du Château d'Apremont.

Redescendons et passons devant l'entrée principale de l'Eglise, en longeant le derrière des Halles, nous arrivons en vue du Quai.

Partant du Quai, la maison qui, à droite, forme l'angle (Epicerie Duvergé) était le Château Trompette.

Dans la cour de cette maison se trouvent des puits funéraires transformés (4 au moins).

En remontant nous arrivons à l'entrée d'une rue étroite appelée *La Grande-Rue*. C'est le point de départ du Grand Chemin, de la seule artère qui, jadis, mettait le port en communication avec le centre de la France (Route de St-Gilles à Limoges). Sur cette route, établie, dit-on, par les Romains, mais plus probablement par les Phéniciens, se faisait un mouvement très actif. Les paysans de l'intérieur amenaient par là leurs blés au port et remportaient le sel de nos marais salants, qui, très probablement, sont une importation phénicienne.

A l'entrée de la rue, dans un renfoncement à droite, nous voyons la margelle d'un ancien puits funéraire fermé par une porte. A côté, la maison Voisin, sur laquelle une plaque indiquait la date de construction (1702); c'était autrefois l'Hôtellerie du Cheval Blanc, la plus importante de la localité ; dans l'intérieur de la cour se trouvent encore le vieux puits et les auges servant à faire boire les chevaux.

A gauche, nous remarquons à toutes les maisons de très petites portes ; elles donnent sur des puits à eau, qui sont d'anciens puits funéraires.

A droite, une grande maison. C'est la maison Bénéteau, d'une vieille famille de capitaines au long-cours, qui joua un rôle important à St-Gilles et dont le dernier descendant fut maire de la ville. Dans cette maison, il existe une belle cheminée Louis XV avec cœur vendéen sculpté, une belle salle à manger moderne avec plafond très ancien bien restauré.

Nous arrivons au croisement de la Grande-Rue et de la rue de la Cure. A droite on voit les traces de l'ancienne porte qui fermait la rue des Sables ; d'où le nom : *Rue de la Porte des Sables,* et non pas rue de la Poste, comme on le dit.

A gauche, deux magnolias devant la célèbre maison des Notaires. Dans cette maison même se trouvent, en effet, trois puits funéraires, dont *deux se communiquent :* fait extrêmement rare et seul exemple connu en cette contrée de France. On ne trouve des puits de ce genre qu'à Carthage et qu'en Phénicie. C'est dans l'un de ces puits, que M. Delidon, ancien notaire, découvrit les six vases phéniciens [1], qui démontrent, matériellement, l'établissement des Phéniciens à St-Gilles [2].

Nous arrivons à la Rue du Puits-d'Enfer, qu'on appelle improprement rue de l'Enfer. Dans le voisinage de cette rue se trouvait une caverne, où les vagues de la mer, arrivant par le bas de la Rue du Bois, venaient s'engouffrer, en produisant un grondement souterrain.

Plus loin, à droite, la maison Achard, avec, dans la cour, de vieux restes de constructions et de beaux arbres des pays du midi (Magnolias, etc.). A gauche, la maison Messager, avec façade caractéristique ; à la porté, un loquet en cœur ; à l'intérieur, un très bel escalier en fer forgé.

A mesure que nous avançons, nous remarquons que les maisons sont plus élevées que la rue. Quand ces maisons ont été bâties, elles étaient certainement au même niveau. Le passage continuel des voitures venant de l'intérieur depuis des centaines d'années a, peu à peu, usé le rocher et fait de la rue ce qu'elle est aujourd'hui.

A droite, à l'angle de deux rues, la maison Joubert, occupée aujourd'hui par l'école libre des garçons.

Ces Joubert étaient une famille de capitaines au long-cours d'avant la Révolution. Un fils, Pierre Joubert, encore étudiant en droit, a joué un rôle considérable pour la défense des idées républicaines en Vendée. C'est à lui qu'on doit la création des *Volontaires nationaux*, en 1790, en particulier.

---

(1) Un dessin de ces vases a été publié par M. Delidon.

(2) En 1925, M. le Docteur Baudouin en a trouvé plusieurs dans le puits Bonnet. — 4 sont dans son Musée.

Nous arrivons sur la route de La Roche-sur-Yon.

Dans le terrain situé à gauche où se trouvent actuellement le Calvaire (1826) et la maison récente du Docteur Guinemand, s'élevait, sur la partie occupée par la route, la Chapelle des Marins, appelée *Chapelle de Notre-Dame de Recouvrance*. Dans cette Chapelle, dont les murs étaient garnis d'ex-voto, se trouvait une belle et grande toile, représentant le naufrage, aux *Iles Bermudes*, du capitaine Bethuys de la Bloire.

Des fouilles récentes ont fait découvrir une partie du carrelage de cette Chapelle ; une autre partie existe encore en place sous la route nouvelle d'Aizenay.

Cette Chapelle fut détruite pendant la Révolution. Elle a été reconstruite dans l'enclos de la maison Joubert.

Sur la route de La Roche, à 150 mètres, s'élève un très bel Hôpital communal, dû à la libéralité de M. Torterue, de Soullans, et de Mⁱⁱᵉ Mervau, de Saint-Gilles.

Revenons sur nos pas jusqu'à la maison Joubert et prenons le chemin à gauche ; nous passons près de la nouvelle *Chapelle de Notre-Dame de Recouvrance,* reconstruction sans importance.

Le jardin qui est derrière la Chapelle fut en 1622 un cimetière protestant.

Nous arrivons à la *Rue du Bois.*

Cette rue doit son nom à un grand Bois, qui se trouvait dans le voisinage du Calvaire actuel ; il servait d'amer, c'est-à-dire de point de repère aux marins en mer. Ce bois fut détruit pendant la Révolution, en même temps que les arbres de l'allée du Château. Dans cette rue, surtout à droite, il y a de nombreux puits funéraires gallo-romains ; l'un d'eux, situé dans la propriété Renaud, est carré.

Dans la partie haute de la rue, ces puits sont aujourd'hui obstrués et cachés sous les murs ; mais dans la partie basse, ils sont encore apparents. On les reconnait, comme toujours, aux petites portes qui les ferment.

A gauche se trouve un grand bâtiment, qui fut le Temple protestant; il est aujourd'hui l'Asile libre.

Remontons la rue *du Bois,* tournons à droite, puis à gauche; nous passons alors devant un puits abandonné, dit *Puits de la Nation.* En réalité c'est *la Fontaine à Sion* (cadastre) : fait qui se rapporte à l'ancien nom de Saint-Gilles, *Sion.*

Nous arrivons à un chemin, taillé profondément dans les schistes. Il nous conduit à une fontaine : c'est *la Fontaine de la Georgette,* qui fournit une eau abondante, la meilleure et la plus pure de Saint-Gilles.

Cette Fontaine a dû alimenter toute l'ancienne ville et le camp établi jadis sur la hauteur, allant jusqu'au Calvaire actuel et appelé *le Champ Guimard.*

Au voisinage de *la Georgette,* débouche *le Chemin des Anglais* qui, de l'intérieur, menait au quartier des Sauneries, appelé aujourd'hui *Le Petit Marais.*

Nous suivons ces chemins encaissés, creusés dans le rocher et correspondant en somme aux fossés du vieux camp; l'hiver ils sont changés en ruisseaux.

Tournons à droite; nous sommes dans *le Chemin vert* ou *Chemin ferré.* Nous longeons un jardin bordé d'un talus assez élevé, dit *la Vigne;* près du talus, se trouve un abreuvoir, au milieu duquel il y a un puits funéraire qui n'a jamais été vidé, et qui contient peut-être des choses très intéressantes.

Enfin nous arrivons, sur la route des Sables, au lieu dit *la Croix de Bois,* aujourd'hui disparue : *la Croix Dorion,* plus loin, l'a remplacée.

Si nous suivions la route, direction Les Sables, à 1.200 m. environ de cette Croix, au voisinage de l'embranchement de la route de La Chènelière, nous pourrions voir les restes d'un Dolmen, appelé *Pierre-Levée* (il n'en reste qu'un menhir ou pilier).

Mais tournons à droite et rentrons à Saint-Gilles.

Nous passons devant la petite gare du Tramway St-Gilles-Les Sables et ensuite à côté du Monument élevé par la ville à la mémoire de ses enfants morts pour la France.

Ce monument représente une femme de pêcheur en costume du pays, écrasée par la douleur et le désespoir devant la longue liste des victimes de la Grande Guerre. Il est l'œuvre des frères Martel, sculpteurs vendéens.

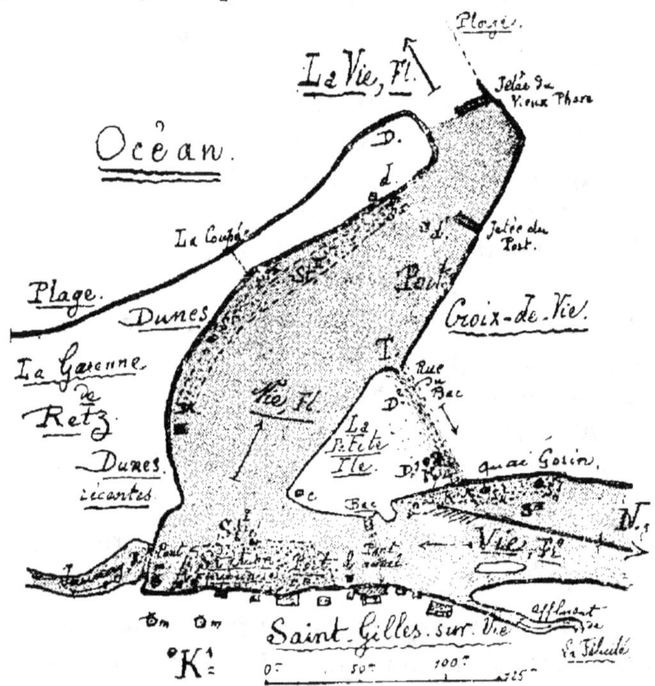

SAINT-GILLES-SUR-VIE & LE PORT DE CROIX-DE-VIE
(HAVRE DE VIE)
Embouchure du Fleuve *La Vie,* et Confluent du Canal du *Jaunay.*

Nous voici sur le Quai. Devant nous se trouve le confluent

de *la Vie* et du *Jaunay*. Notre vue embrasse tout le port ; au loin nous apercevons les premiers châlets de Croix-de-Vie.

A gauche, de l'autre côté de l'eau, nous voyons les dunes de sable connues sous le nom de *Garenne-de-Retz*.

C'est la barrière qui protège Saint-Gilles et Croix-de-Vie contre l'envahissement des eaux de l'Océan. Si ce cordon de dunes venait à couper, la mer envahirait les deux villes et reprendrait le terrain qu'elle a occupé jadis, c'est-à-dire les quais et parties basses, jusqu'à l'Eglise.

Les tempêtes de 1924 ont montré le danger qui menace notre pays : danger qui ne peut être écarté que par la construction d'un solide remblai sur la plage.

Tournons à gauche. Nous arrivons à un petit pont, *la Passerelle*, beaucoup trop étroit, jeté sur *le Jaunay*.

Devant nous, une rue droite bordée de beaux arbres qui l'été procurent une agréable fraîcheur : c'est *l'Avenue de la Plage*, qui, comme La Passerelle, est trop étroite pendant la saison balnéaire.

Aussitôt la Passerelle, tournons à droite et suivons le bord de la rivière ; si la mer est haute et le bassin plein d'eau, nous pouvons admirer tout le port.

Si la mer est basse, nous voyons à gauche du confluent des deux rivières une partie boueuse, émergeant des eaux et couverte d'herbes marines.

Nous souhaitons que ce terrain devienne propriété communale.

La ville manque de places et d'un jardin public ombragé. Là elle pourrait, après quelques travaux d'endiguement, aménager un square qui, bien ombragé, serait dans quelques années le rendez-vous de tous les étrangers et de la population pendant la saison chaude.

Continuons notre promenade : nous voilà arrivés à la hauteur de la gare de Croix-de-Vie. Montons sur la dune. De là on découvre un beau panorama : à nos pieds, le port sillonné par les barques de pêche ; plus loin, Croix-de-Vie avec sa gare, ses usines, son phare, son clocher ; à droite, St-Gilles, s'élevant en amphithéâtre, dominé par son clocher et la cheminée de sa minoterie : plus loin, les marais salants piqués de points blancs qui sont des tas de sel ; à l'horizon, Saint-Hilaire-de-Riez.

Nous embrassons ainsi tout ce qui formait autrefois le port de Riez. Traversons la dune ; nous arrivons près de la *Villa Notre-Dame ;* c'est un hôpital privé où sont soignées les maladies osseuses et les natures anémiées.

SAINT-GILLES-SUR-VIE

La Plage de La Garenne de Retz. — La Villa Notre-Dame (avant 1920).

A nos pieds se déroule une plage magnifique, de 3 kilomètres de longueur, et qui, pendant la belle saison, fait les délices des enfants.

Du haut des dunes on jouit d'une vue splendide sur l'Océan.

A droite, nous voyons l'entrée du port, la petite plage de Croix-de-Vie, avec ses rochers et ses nombreuses villas.

Quand le ciel est clair, on aperçoit au loin, dans le nord-ouest, l'Ile d'Yeu, avec l'une de ses deux Eglises et son Phare.

II. Promenade dans Croix-de-Vie.

Au commencement du XV⁰ siècle, le territoire de Croix-de-Vie était absolument inculte, dunes de sables accumulés par la mer en se retirant; il dépendait de l'Ile de Riez et de la Commune de Saint-Hilaire.

A la fin du XV⁰ siècle, les seigneurs, propriétaires du territoire de St-Gilles, devant le développement toujours plus grand de la population attirée là par le commerce actif du port, refusèrent de vendre des terrains pour de nouvelles constructions.

Quelques marins, en quête de logement, vinrent s'établir sur la partie de Croix-de-Vie, appelée *La Petite-Ile.* D'autres imitèrent leur exemple; et peu à peu l'agglomération se développa.

En 1610, Marie de Beaucaire, duchesse et douairière de Penthièvre et sa fille Marie de Luxembourg, baronne de Riez, firent construire, sur un terrain sablonneux, la première Eglise de Croix-de-Vie. Elle fut faite sur le modèle de la Chapelle du cimetière de Saint-Gilles.

En 1690, Croix-de-Vie fut érigé en paroisse et à la Révolution devint une commune.

Comme il n'y avait pas de magasins à Croix-de-Vie, les marins pour leurs achats venaient à St-Gilles en bateau. La population devenue plus importante et les besoins de passer plus nombreux, on établit un bac.

En 1835, ce bac fut remplacé par un pont suspendu à péage. Enfin, en 1882, le pont actuel remplaça le pont suspendu.

Comme à Saint-Gilles, le pont sera le point de départ de notre promenade.

Dirigeons-nous du côté de la Gare, en suivant la Grande-

Rue. C'est la seule artère conduisant à St-Gilles ; c'est donc la rue la plus fréquentée ; aussi nous remarquons que c'est la rue du Commerce et que peu à peu les maisons se transforment en magasins.

Nous trouvons, sur notre gauche, et contiguë à l'Epicerie Parisienne, une vieille maison, portant au-dessus du palâtre de la porte, une pierre, avec inscription datant de 1612, c'est le plus ancien vestige des premières constructions de la ville.

Nous voyons encore le long de cette rue de vieilles maisons reconnaissables en ce que toutes sont enfoncées en terre. Depuis la construction de ces maisons la route s'est exhaussée de 1 m. 50, en effet !

A droite, une belle maison neuve ; c'est l'école publique des filles.

Sur cet emplacement s'élevait autrefois une Maison seigneuriale, appartenant à la famille des de Lézardière. C'est dans cette maison, qu'en 1622, Louis XIII déjeuna, après avoir battu Soubise, qui, profitant que la mer était basse, s'était enfui en passant *la Vie* entre Croix-de-Vie et les Dunes, se dirigeant sur Bretignolles. C'est cette bataille qui est reproduite sur un vitrail de l'Eglise de Saint-Gilles.

Devant nous, un bel orme, qu'on appelle L'Arbre de la Liberté ; il fut planté en 1848. Après l'orme, la Caserne des Douanes qui a remplacé une grosse dune à moulin.

Tournons à gauche et encore à gauche pour revenir du côté des quais, en suivant une rue parallèle à la Grande-Rue. Nous voyons tout un dédale de petites rues étroites et tortueuses. C'est *la Petite-Ile,* berceau de la ville.

Nous passons devant la première Mairie de Croix-de-Vie. Tournons à droite, nous avons devant nous la première Cure.

Arrivés à ce bâtiment, tournons à gauche et nous voilà sur le Quai du Grenier.

Près de l'emplacement de l'usine Tertrais (de Nantes) se trouvait un grenier, créé après 1749 pour y réunir les racines et les graines de garance dont la culture avait été introduite dans le pays par G.-H. Ingoult père (1749-1780), premier directeur de la Garancière du Bas-Poitou.

Sur ce quai, il existait plusieurs maisons bourgeoises dont deux étaient surmontées d'une tourelle, ayant des fenêtres regardant sur la mer, afin de pouvoir surveiller la présence des navires anglais.

Nous citerons pour mémoire, la maison Joubert (aujourd'hui maison Gary); la maison Grelier, occupée actuellement par le beau magasin de nouveautés Grasset.

Nous traversons la Grande-Rue et pénétrons sur le Quai Gorin.

A gauche, une maison comme celles dont nous venons de parler. Elle seule a conservé sa *tourelle* avec ses fenêtres. C'est la maison qu'habitait M. Ingoult, fils du premier directeur de la Garancière; il s'appelait J.-Chrysostôme Ingoult, et fut maire de Croix-de-Vie de 1792 à 1815. C'est de cette tour qu'on surveilla le blocus de 1810 et la flotte anglaise en 1815.

Devant cette maison nous voyons deux beaux ormes; ce sont les seuls survivants d'une rangée d'arbres qui, jadis, bordaient la rivière *la Vie,* jusqu'à l'usine Dandicolle et la Mothe-Ruffée.

Voici, à gauche, la rue du Puits-Servanteau, ainsi nommée du Château de Servanteau qui se voyait autrefois, ainsi que sa tourelle, à la place de Ker Augusta.

Nous arrivons à l'usine Dandicolle (de Bordeaux), jadis avec tourelle.

De l'autre côté de la rue se trouvait la maison noble de la Mothe-Ruffée, remplacée aujourd'hui par des maisons neuves.

Remontons la rue voisine. Arrivés à l'Usine à gaz, tournons à droite et gagnons le Cimetière.

Là, nous voyons *le Menhir de la Tonnelle,* qu'avec beaucoup de peine M. le docteur Marcel Baudouin a pu sauver ainsi de la destruction. Devant ce menhir, se trouve un sarcophage mérovingien, trouvé à Givrand avec plusieurs autres, lors de la reconstruction de l'église actuelle, en 1865. Le mégalithe est classé comme monument préhistorique.

Un peu plus loin, sur la gauche de la croix, une jolie Chapelle entourée de pleureuses ; c'est la chapelle dédiée aux Enfants de la Commune, morts pour la France dans la grande guerre de 1914 à 1918. Cette Chapelle est l'œuvre de M. des Ormeaux, artiste sculpteur, amateur, de Croix-de-Vie, qui en a fait don à la Commune.

Revenons sur nos pas. Au coin de l'Usine à gaz, nous voyons devant nous *la rue du Four-Banal.*

C'est dans cette rue que se trouvait le four, appartenant au seigneur, et où, avant 1789, tous les habitants de la ville devaient, moyennant rétribution, faire cuire leur pain. Il n'était pas permis alors d'avoir d'autres fours.

Laissons, à gauche, la rue du Four-Banal ; et suivons ce chemin qui paraît s'enfoncer dans les champs. C'est le boulevard extérieur de Croix-de-Vie, et par lui nous arrivons à une petite ferme, qui est *le Gabio* (Ce mot vient de l'hébreu *Gab :* sel). C'est là que se trouvait le bureau où l'on payait l'impôt, si impopulaire, établi sur le sel récolté dans les marais salants.

Plus loin nous voyons le Grand Phare, qui, tous les soirs, s'allume pour indiquer aux marins le chemin à suivre pour rentrer au port.

A côté du Grand Phare se trouvait une jolie petite futaie : « La Gîte ». Elle est aujourd'hui détruite. C'est une grande faute du Conseil municipal de l'époque de n'avoir pas acheté cette futaie, pour en faire un jardin public, qui aurait été très apprécié des promeneurs.

En poussant plus avant, on arrive au quartier de La Soudinière ; c'est là qu'on faisait brûler le goëmon, retiré de la mer pour en faire la soude ; de là son nom.

Redescendons du côté de l'Eglise, en suivant la rue de la Gendarmerie, qu'on appelle encore Rue de La Broche ou Rue d'En-Haut au cadastre.

L'Eglise que nous voyons a été construite en 1894. Elle a été rebâtie sur le même emplacement que celle élevée en 1610. Toutes les églises sont d'ordinaire orientées E.-O. Nous remarquons que celle-ci est orientée N.-S. Des raisons locales ont été la cause de cette orientation non rituelle. Dans cette église, qui fait l'admiration de tous les visiteurs par sa propreté et son bon entretien, nous admirons la belle Chaire en pierre calcaire sculptée par M. des Ormeaux. Nous y voyons aussi de très beaux tableaux, dont l'un est du peintre vendéen Ch. Milcendeau (né à Soullans).

Sortons par la petite porte latérale, donnant sur la Place du Marché. Au-dessus de cette porte, nous remarquons un écusson, représentant les « prétendues » armes de Croix-de-Vie. La ville n'a pas d'armoiries, et cet écusson a été créé de toutes pièces par l'architecte qui a établi le plan de l'Eglise.

La Place qui est devant nous a été le premier Cimetière de Croix-de-Vie.

Rejoignons la Grande-Rue, qui devient la Rue des Quais, sur laquelle nous arrivons, près de la Place de la Mairie, et dirigeons-nous du côté de la Gare.

Nous trouvons encore sur notre droite quelques petites maisons basses et anciennes, qui disparaissent de jour en jour pour faire place à de beaux magasins. Ce sont les derniers vestiges du vieux bourg de pêcheurs du Hâvre-de-Vie.

Près de la Gare, à droite de la route, une petite place où se trouve la maison Hayez, sur la porte de laquelle on voit une inscription latine gravée sur une pierre calcaire des Charentes qui provient, d'après la tradition, du Château de N.-D. de Riez.

Après la Gare, toujours à droite, la Poissonnerie doit attirer notre attention par le mouvement qui s'y fait au moment de la criée et du débarquement de la sardine et des poissons, pendant l'été surtout.

Plus loin, à gauche, nous voyons une large jetée qui s'avance dans la rivière : c'est la *Jetée de l'Adon,* protégeant le port principal — le port de commerce d'autrefois.

En suivant la route, nous contournons l'avant-port ou *Fosse-à-l'Adon ;* nous passons devant l'usine à sardines Cassegrain, qui occupe l'emplacement de l'ancien château Collinet. Ce château était précédé de deux tourelles, aujourd'hui disparues. L'usine englobe le rez-de-chaussée dudit château, où l'on voit encore des cheminées du XVIIe siècle.

Nous laissons, à gauche, le petit Phare-Rouge, dont le feu, avec celui du grand Phare, dont nous avons parlé, indique le chemin aux marins rentrant, la nuit, dans le port.

CROIX-DE-VIE

L'Avant-Port. — Une ancienne Chaloupe sardinière (1890).
Conserverie de Sardines Cassegrain.

Traversons la voie ferrée au passage à niveau et dirigeonsnous du côté de la Plage de Croix-de-Vie.

Nous passons devant le bâtiment du Bateau de sauvetage. A côté, une jetée qui fut construite dès le milieu du XVIIe siècle, sur l'ordre de Mme la baronne de Beaucaire, de Riez, avec des matériaux provenant de la démolition du château ancien de Notre-Dame-de-Riez. Elle portait, jadis, à son extrémité, le vieux phare, avec un sémaphore. C'est la plus ancienne construction maritime du Hâvre-de-Vie.

Continuons notre promenade. Nous côtoyons à gauche une suite de rochers qui disparaissent peu à peu, rongés par les flots. A droite on voit de jolis châlets modernes. Derrière ces châlets, il y avait jadis un groupe de pierres mégalithiques, aujourd'hui disparues. Elles ont été employées par les entrepreneurs pour la construction des premiers châlets. L'une de ces pierres portait des sculptures préhistoriques. L'une d'elles représentait un Pied de Cheval ; aussi l'appelait on *La Roche à la Patte du Diable.* Un morceau de cette pierre se trouve actuellement sur le trottoir, devant la porte d'entrée du salon de coiffure de M. Péault, près la Gare ; on peut y voir une marque très profonde, qu'on appelle *Le Doigt du Diable.*

Enfin nous arrivons sur les hauteurs de *Boisvinet* dominant la plage et son éperon.

Un bois, qui a donné son nom au quartier, existait dans l'emplacement occupé aujourd'hui par les châlets.

Pendant la Révolution des canons avaient été placés sur cette hauteur, pour protéger le port contre les vaisseaux anglais.

En mer s'avance la jetée ou éperon de Boisvinet, construite avant 1882-1883.

Grâce à cette jetée, le sable vint s'accumuler sur la côte et la partie Ouest. La plage de Croix-de-Vie, qui, avant la construction de cette jetée était inexistante, s'agrandit de plus en plus et les rochers plats se couvrent de sable.

Dans un avenir peu éloigné, cette belle plage s'étendra jusqu'à l'anse de la Pelle-à-Porteau où les Anglais débarquèrent en juin 1815. Ils amenaient en Vendée, sur l'*Astrée,* Louis de La Rochejacquelein, qui, quelques jours plus tard, devait être tué aux Mathes de St-Hilaire-de-Riez. Un monument a été élevé à l'endroit où est tombée cette jeune victime des guerres fratricides de la Vendée.

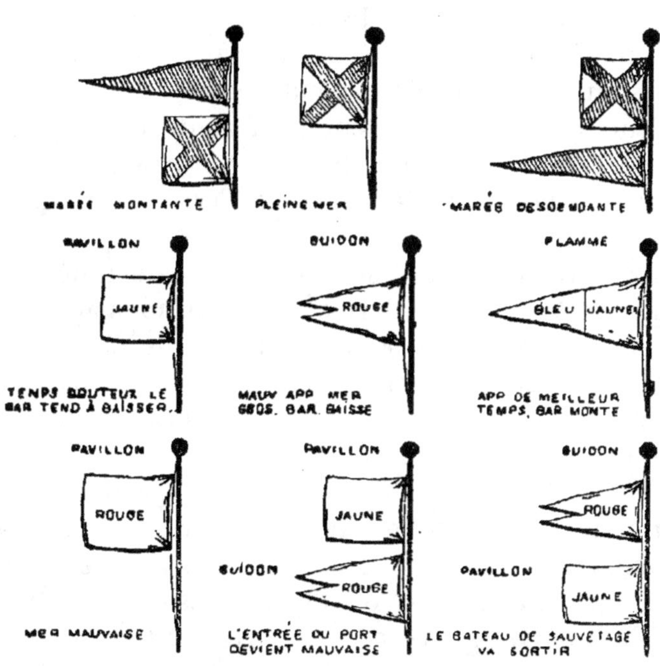

PAVILLONS DES SIGNAUX MARITIMES

III. Sion-sur-l'Océan.

Sion est un petit village de pêcheurs et de cultivateurs, d'origine très ancienne. Il comprend environ 300 habitants et dépend de la Commune de St-Hilaire-de-Riez. Il est situé à 3 kil. 500 au nord-ouest de la gare de Croix-de-Vie.

Depuis que le séjour au bord de la mer est passé dans les mœurs, ce petit village se développe très rapidement. La ligne de tramway qui aujourd'hui relie Sion à la grande ligne de Paris, va encore favoriser sa prospérité.

Nous pouvons nous rendre à Sion par le tramway ; mais nous conseillons aux touristes de faire cette promenade à pied le long de la Corniche vendéenne.

A Croix-de-Vie, nous prenons la route de la plage. Cette route passant par l'anse de la Pelle-à-Porteau suit le flanc de la falaise de la Pointe de la Grosse-Terre et Pilours jusqu'à l'anse de Sion.

Nous arrivons d'abord sur un vaste plateau dénudé. C'est la lande verte des Bussoleries. A droite, nous apercevons des sortes de remparts de sable, couverts de tamaris, derrière lesquels se cachent de modestes maisons très basses, qui se trouvent ainsi bien protégées contre les fureurs des vents de la mer (nord-ouest et sud-ouest surtout).

A gauche, c'est la Pointe de la Grosse-Terre.

Sur cette pointe qui domine la rade, on voyait, il y a quelques années, les ruines d'une ancienne batterie établie avant le Ier Empire ; c'était le Fort de la Grosse-Terre.

Pendant la Grande Guerre de 1914-1918, le gouvernement avait pensé à protéger le port contre les sous-marins boches. La restauration de cette batterie était commencée ; mais l'armistice vint mettre fin aux travaux. Depuis la paix, l'Etat,

considérant que ce terrain ne pouvait lui être d'aucune utilité,
l'a abandonné en 1918. Le propriétaire d'alors l'a vendu récemment. A la place de la batterie, on voit aujourd'hui un
chalet et un jardin.

Sur le bord de la côte il y avait deux beaux Menhirs, de
quartz blanc, découverts par le savant géologue M. Baudouin ;
mais ces pierres ont été détruites par le propriétaire du châ-
let, lors de leur classement comme monuments préhistoriques, malgré la restauration faite par l'Etat.

A quatre ou cinq cents mètres en mer on aperçoit un groupe
de rochers, dont Pilours (l'ancienne Pierre-Ourse) est le
principal.

En suivant la route, nous passons près d'une petite mai-
sonnette ; c'est l'ancienne Vigie du télégraphe optique. Près
de là, se trouvait une autre batterie, complétement disparue,
appelée Le Fort de la Parée-Basse.

Cette côte que nous suivons s'appelle la Corniche vendéenne. .
C'est l'une des plus belles promenades de Vendée et du Pays ;
il n'y en a pas d'analogue de Biarritz à Pornic, sur le rivage
de l'Atlantique. On y jouit d'une belle vue sur le large. Les
rochers continuellement battus par les flots sont recouverts
par les vagues et l'on voit ensuite couler sur leurs flancs des
milliers de cascades écumantes.

Quand le ciel est pur, on aperçoit, le soir, au loin, dans le
nord-ouest, l'Ile d'Yeu, dont on reconnaît la Pointe des Cor-
beaux en avant, le clocher du Bourg-St-Sauveur et le Grand-
Phare.

Cette côte est composée de rochers friables (schistes), qui
battus sans cesse par les flots se désagrègent assez facilement;
aussi des éboulements se produisent souvent, surtout l'hiver,
dans les grandes tempêtes.

Comme si ce n'était pas assez de la force des vagues pour
détruire peu à peu cette belle Corniche, l'homme vient encore

aider les éléments ! Nous remarquons, sur notre parcours, là
des monticules de sable, plus loin des trous, mais surtout
des tas de pierres, que le paysan a arrachées aux rochers !
Ne faut-il pas construire en hâte les maisons destinées aux
baigneurs... ?

Le Syndicat d'Initiative, en face de ces déprédations, a
tenté de mettre fin à ces destructions et a demandé le classement de cette Corniche comme *Site pittoresque*.

Malheureusement des influences puissantes et intéressées
ont fait échouer ce projet jusqu'à nos jours, tellement l'être
humain reste incompréhensif devant l'intérêt général.

Nous arrivons à un large espace nu, correspondant à la
voûte du Creux Garnaud. - Là est le Jet d'eau.

Laissons la route et approchons-nous du bord de la falaise ;
nous voyons d'abord une large excavation au fond de laquelle,
à mer haute, les vagues viennent se briser. C'est le Trou du
Diable. A côté, au fond, lorsque la mer est houleuse et par
vent du sud-ouest surtout, les vagues sont poussées avec une
telle force sur le rocher à pic que l'écume rejaillit jusqu'à 15
ou 20 mètres de hauteur ; de là le nom de Jet d'eau. Ce Trou
du Diable, une des curiosités du pays, est destiné à dispa-
raître dans un temps plus ou moins long. Le Jet d'eau actuel
est récent. Il ne correspond pas au Jet d'eau d'avant 1890.
Celui-ci se trouvait au niveau de la Grotte du Creux Garnaud,
c'est-à-dire dans une anse plus au sud.

Reprenons la route. Nous traversons un petit ruisseau se
rendant à la Grande-Anse et dont l'eau est très ferrugineuse
(La Cressonnière), et nous arrivons aux premiers châlets
de Sion.

En mer, près de la côte, mais isolés de la falaise, on voit
de gros rochers, qui ont résisté à l'action destructive de la
mer. L'un de ces rochers est percé du haut en bas : c'est *La
Roche Percée ;* puis les *Cinq Pineaux* ou les *Cinq Moines.*

Enfin on arrive au bourg de Sion. Nous le traversons et nous voyons devant nous une belle plage de sable fin et moelleux de 12 kilomètres, s'étendant jusqu'à Saint-Jean-de-Monts, dont au loin on aperçoit les blanches maisons.

Cette belle plage est bordée au nord d'une forêt de sapins, appartenant à l'Etat. On peut y faire de belles promenades.

Le chemin que nous venons de suivre est certes bien agréable ; mais nous conseillons aux touristes et baigneurs de la renouveler en suivant, à mer basse, le pied de la falaise, à partir de l'Anse de *la Pelle-à-Porteau.* Il faut avoir soin de se munir de pantoufles usagées ne craignant pas l'eau, car, dans quelques endroits, il faut traverser des trous à eau ou marcher sur des rochers tranchants.

Dans cette nouvelle promenade on pourra admirer et visiter les grottes naturelles, creusées par les flots, comme *Le Trou du Diable ; le Jet d'eau ; le Creux de Garnaud* avec sa grotte, dont l'entrée est désormais impossible aux touristes ; *la Roche-Trouée ; la Grotte des Farfadets,* près de Sion.

On peut agrémenter cette promenade en pêchant des crabes et des crevettes, en ramassant des bigorneaux, des patelles, des moules ou autres coquillages.

Les appétits, excités par la vivifiante brise de mer, trouveront à se satisfaire en dégustant, dans l'une des auberges de Sion, les succulentes crevettes du pays et les langoustes si recherchées des gourmets.

On peut aussi emporter avec soi le déjeuner préparé avant le départ et faire ainsi un charmant pique-nique dans l'une des belles grottes visitées. On trouvera à Sion tout ce que l'on ne voudrait pas emporter. Les épiciers ne sont pas rares.

DISTRACTIONS

Les distractions ne manquent pas, l'été, à St-Gilles et à Croix-de-Vie. Outre le théâtre, le cinéma, les dancings, il y a les fêtes locales des communes et du Syndicat d'Initiative. Sports (l'Océan-Sport). Tennis. Il y a surtout les promenades en mer, en rivière « La Vie, » sur les marais salants. Le spectacle du débarquement journalier de la sardine pêchée offre un aspect toujours nouveau. On peut encore faire à Croix-de-Vie des visites dans les diverses usines de conserves locales.

En famille on va, à mer basse, passer une journée sur les rochers plats du bas de la falaise de la Corniche vendéenne. Les grandes personnes pêchent des crevettes, de petits crabes, voir même des homards ; les enfants ramassent des bigorneaux (Littorines), des jambes (Patelles), etc... On visite les grottes creusées par les vagues. On y déjeune et collationne avec les provisions de bouche qu'on a eu soin d'apporter.

Les amateurs de pêche à la ligne, au carrelet, etc., pourront satisfaire leur sport favori, en allant sur les ponts et les jetées qui forment l'entrée du port, taquiner mulets, loubines, crossies, effasches ou congres.

Pour les poissons d'eau douce, on va sur le Jaunay, en amont du barrage, à 3 kil. au sud, sur la route des Sables ; ou dans la Vie, à St-Maixent-sur-Vie, à 10 kil. (Voie ferrée) station de pêche célèbre dans toute la région.

Aux grandes marées (nouvelle et pleine lune), on peut aller pêcher les crevettes, homards et crabes, soit sur le Petit Rocher à 3 kil. au sud de la plage de St-Gilles, soit sur le Grand Rocher près de La Saulzaie, à 6 kil., par la route des Sables.

EXCURSIONS

On peut faire, autour de St-Gilles, Croix-de-Vie et Sion, de nombreuses excursions sans parler de la visite des villes, résumée précédemment.

1° Saint-Hilaire-de-Riez. — Cimetière intéressant; chapelle ancienne, (Notre-Dame de Pitié).

Aux Mathes, Commune de St-Hilaire-de-Riez : monument élevé à l'endroit où tomba Louis de la Rochejacquelein, le 4 juin 1815 (Guerres de Vendée).

2° Notre-Dame-de-Riez. — Place de la Mairie : Polissoir du Creux-Jaune; La Motte et le Vieux Château à souterrain-refuge. — Ancien port. — Chemin des Coquilles.

Route de la Rive vers Soullans : Menhir du Pré-Doux; Pierre de la Triée avec sculptures préhistoriques, dont un pied humain gravé (Route de Commequiers).

3° Commequiers. — Eglise ancienne; ancien prieuré. Le Vieux Château ou les Tours. Allée couverte de Pierre-Folle. Villeneuve : station gallo-romaine; église détruite. Au Pas-Opton, ancien gué et ancien pont à péage; combat des guerres de Vendée au passage à gué de *la Vie*.

4° Soullans. — Menhir de la Verrie, près Challans.

5° Le Fenouiller. — La Bodelinière et Romanguy : 2 puits funéraires, un souterrain-refuge, ruines du Château du Plessis, camp; vestiges de cabane antique. La Tonnelle (Vieux moulin, ancien style).

6° Saint-Jean-de-Mont. — Plage; promenade dans la Forêt de sapins s'étendant de Saint-Hilaire-de-Riez à St-Jean-de-Mont, en bordure de la mer. Sur la route, visite aux Jardins de la Fée (Commune de St-Hilaire-de-Riez) et à l'Epine où séjourna Louis XIII en 1622.

7º Notre-Dame-de-Mont. — Visite au Pont d'Yeu : une des merveilles géologiques de la Vendée. Ne peut se voir qu'aux marées de septembre (à un mètre sous l'eau), avec bon vent.

8º Apremont. — Château Renaissance (1542). Grottes. Vallée de *la Vie*. Passage à gué ; voie romaine ; puits funéraires. Ancien camp.

9º Chapelle-Hermier. — Pélerinage et assemblée de Garreau (8-9 septembre). Vallée de *la Vie*. Monuments préhistoriques ; pierres à pieds humains.

10º Coëx. — Menhir de la Frionnière avec pied de cheval, près de Saint-Maixent-sur-Vie.

11º Ile-d'Yeu. — Très intéressante excursion à faire, soit directement par bateau ; soit par Fromentine par le tramway. Visite de Noirmoutier.

Location des moyens de transport.

On trouve à St-Gilles à louer des automobiles, des cars, des voitures à chevaux et à ânes, des bateaux de pêche de petit tonnage.

Un tramway relie St-Gilles-Croix-de-Vie :
1º aux Sables-d'Olonne ;
2º à Bourgneuf et Pornic par Sion, St-Jean-de-Monts et Beauvoir.

De nombreuses villas et appartements meublés sont à la disposition des baigneurs sur les trois plages, ainsi que de nombreux hôtels et pensions de famille.

Pour les **Locations, Ventes** et **Achats,** s'adresser aux agences :

A Saint-Gilles-sur-Vie :

Agence Centrale de St-Gilles-sur-Vie, G. Barbeau, Imprimeur, sur le Quai.

A Croix-de-Vie :

1° Agence de l'Océan, près de la Gare.

2° Mlle Divet, Libraire.

3° Mme Pontoizeau.

STATION D'HIVER

St-Gilles, Croix-de-Vie et Sion sont remarquables par la douceur de leur climat et pourraient devenir station climatique d'hiver, surtout pour les mois de février à juin.

Ci-dessous, nous donnons le tableau comparatif de la température de la région de Nice et Croix-de-Vie, prise les mêmes jours aux mêmes heures, en 1925.

LES TEMPÉRATURES EN MARS AU HAVRE-DE-VIE

Date	VILLEFRANCHE près Nice (A.-M.)			CROIX-DE-VIE (Vendée)								
	Matin	Midi	Soir	Matin			Midi			Soir		
Mars	1925			1922	1924	1925	1922	1924	1925	1922	1924	1925
12	5°	11°	6°	7°	»	4°	10°	»	8°	10°	»	4°
13	4°	12°	8°	8°	»	3°	17°	»	6°	13°	»	4°
14	4°	12°	9°	8°	7°	6°	17°	13°	9°	14°	8°	5°
15	8°	13°	10°	7°	7°	7°	16°	14°	10°	14°	7°	8°
16	8°	15°	11°	11°	8°	7°	17°	14°	10°	14°	8°	8°
17	9°	11°	9°	7°	6°	5°	17°	12°	10°	14°	6°	7°
18	7°	13°	12°	10°	4°	5°	17°	9°	8°	14°	5°	6°

A Croix-de-Vie, à cause de la Vallée de la *Vie*, quand les vents soufflent du nord — ce qui était le cas pour la semaine du 12 au 18 mars — la température est plus basse de 2° au moins que sur les plages abritées de ces vents, surtout ceux de la côte de Mont, à partir de Sion et même de Bois-Vinet.

En tenant compte de cette différence, on verra que notre côte donne presque les mêmes chiffres que Nice.

MAISONS RECOMMANDÉES
faisant partie du Syndicat d'Initiative

SAINT-GILLES-SUR-VIE :

Auto-Garage Cl. Bocquier.
Boucherie Rabiller.
Charcuteries : Pelé, Rocheteau.
Boulangerie Grassineau.
Epiceries : Duvergé, Levron, Vilain.
Hôtels : du Château (Boiffin) ; du Lion-d'Or (Guérineau).
Pensions de Famille : Graziella (Mme Schenkel) ; Les Charmilles (Mme Tarier) ; Villa Midinette (Mme Michineau) ; Le Casino (Mme Mahiet) ; Marina (Mme Lallemand).

CROIX-DE-VIE :

Auto-Garage Filhon.
Boucherie Maillet.
Boulangeries : Rassineux, Viaud.
Epiceries : Souzeau, Vilain.
Hôtels : Neptune (Lepart) ; du Centre (Bristiel).
Locations Meublées : M. Bap, Ker Pil'Hours, Croix-de-Vie.
Pensions de Famille Les Embruns (Mme Quérillac).

SION-SUR-L'OCÉAN

Pensions de Famille : Heurte-Vents (Mme Durand) ; La Roche-Trouée (Mme Déséchaliers).

IMPRIMERIE G. BARBEAU, SAINT-GILLES-SUR-VIE

Imprimerie
G. BARBEAU
St-Gilles-sur-Vie
1925